DE

LA REPRÉSENTATION

NATIONALE,

EN FRANCE,

EN ANGLETERRE ET EN ESPAGNE.

DE
LA REPRÉSENTATION
NATIONALE.

DE

LA REPRÉSENTATION
NATIONALE

ET

DE LA SOUVERAINETÉ,
EN ANGLETERRE ET EN FRANCE.

PAR M. F. A. J. MAZURE,

INSPECTEUR-GÉNÉRAL DES ÉTUDES.

A PARIS,

CHEZ Mme Ve AGASSE, imprimeur-libraire, rue des Poitevins, n° 6;
ÉMERY, rue Mazarine, n° 30;
BATAILLE et BOUSQUET, libraires au Palais-Royal;
Et chez les Marchands de nouveautés.

1821.

AVERTISSEMENT.

Ce petit écrit a déjà été imprimé deux fois en 1819, mais sans nom d'auteur, et n'a pas été distribué au public. Le moment actuel n'est que trop favorable pour le reproduire et le répandre.

Les opinions armées préparent une irruption nouvelle contre la royauté en France. Il est utile sans doute que les hommes qui ne cherchent point d'excuse dans de perfides sophismes se prononcent aux jours du péril, et cherchent à faire passer leur conviction dans les cœurs honnêtes. C'est ici la cause de la civilisation européenne qui est à jamais perdue, si la royauté en France ne triomphe pas de l'arme terrible qu'on lui oppose ouvertement, au mépris de la raison et de la Charte royale. N'oublions pas qu'en Angleterre et en France la première conséquence du dogme, converti en fait, de la souveraineté du peuple, fut le supplice de Charles Ier et de Louis XVI. La deuxième conséquence fut Cromwell et Robespierre. La troisième serait pour nous l'anarchie, l'usurpation et la conquête. C'est ici une question de vie ou de mort.

Ce morceau est détaché d'un ouvrage manuscrit sur l'Histoire de la restauration en France.

Nous y joignons quelques réflexions sur la constitution des Cortès de Cadix.

DE
LA REPRÉSENTATION
NATIONALE
ET
DE LA SOUVERAINETÉ,
EN ANGLETERRE ET EN FRANCE.

En politique, la confusion ou l'anarchie des idées politiques passe tôt ou tard dans l'État. Cherchons donc à nous faire une idée précise de ce que nous entendons par ces mots : *Représentation nationale* et *Souveraineté*. Puisque l'ordre social n'appartient qu'aux créatures intelligentes, l'intelligence répugne naturellement et nécessairement à ce qui n'est pas la vérité ; or, l'ordre social qui ne reposerait pas essentiellement sur la vérité, serait faux et périssable, comme le mensonge qui en serait le principe.

Toute science repose sur des faits. Les théories ne sont vraies que quand elles renferment les faits qui dérivent le plus uniformément de la nature des choses. Sous ce rapport, la politique est une science, et le gouvernement est le discernement et l'application juste des faits qui constituent la politique.

Nous ne cherchons point en ce moment l'origine de la souveraineté : il nous suffit de considérer dans le gouvernement l'exercice incontestable de la souveraineté ; les faits diront mieux que nous où elle réside.

Cependant, la forme de notre gouvernement donne lieu à des questions soutenues et combattues avec beaucoup de chaleur ; et quoiqu'elles soient toutes décidées *en fait* par la loi fondamentale de l'État, on y oppose des doctrines qui avaient été converties *en fait* pendant et par la révolution. De-là une controverse dogmatique dont le danger n'est point assez senti par ceux qui l'entretiennent. Avant de nous y engager nous-même par le raisonnement, nous allons examiner les faits qui lui ont donné naissance ; et, comme une sorte d'analogie séduisante fait illusion même aux esprits les plus éclairés, lorsqu'ils comparent le gouvernement de France au gouvernement d'Angleterre, nous chercherons dans l'un et dans l'autre, mais d'abord dans le gouvernement britannique, les faits que l'histoire nous présente sur ces choses, la souveraineté, la représentation nationale et les élections.

La constitution anglaise est fondée toute entière sur la loi féodale qui existait sous Guillaume-le-Conquérant, et le Roi est encore aujourd'hui, au moins par une fiction de la loi, *seigneur* ou propriétaire de tout le territoire britannique. La chambre des pairs et la chambre des communes représentent, non pas la nation, mais la terre ou le *pays*. La souveraineté ne réside, ni dans le Roi, ni dans la nation, ni dans les deux chambres, mais dans le parlement, en tant que le parlement est composé du Roi, des lords spirituels et temporels, et des représentans des communes. Le parlement ainsi considéré est le souverain; il a le pouvoir absolu, même le pouvoir de détruire les lois fondamentales de l'État.

Dans les premiers temps, le Roi était le souverain et le seul souverain. Seigneur de toutes les terres du royaume, il exerçait médiatement son droit de propriété par les barons, et s'était réservé la propriété immédiate des terres nécessaires à la couronne.

Les barons relevaient immédiatement du

Roi. Les terres qu'ils tenaient du Roi furent divisées en fiefs inférieurs, et ceux-ci en arrière-fiefs, qui eux-mêmes étaient concédés à rentes et baux à longs termes; ordre qui subsiste encore aujourd'hui.

Les barons devaient au Roi un service convenu, pour le prix des terres qu'ils tenaient de lui. Ce service était exigible pour un temps déterminé; lorsqu'un service plus étendu était nécessaire, les barons n'y étaient pas obligés; il fallait l'obtenir de leur consentement; ils étaient convoqués. C'est là l'origine du parlement.

Les archevêques, évêques et abbés assistaient au parlement, non parce qu'ils étaient revêtus d'une dignité ecclésiastique, mais parce qu'ils étaient barons, c'est-à-dire, parce qu'ils tenaient leurs terres immédiatement du Roi.

Tel était le système féodal, qui encore aujourd'hui est la base du gouvernement britannique. La souveraineté était au Roi seul. Les barons devaient l'obéissance, lorsque le Roi ne demandait que le service prescrit par la loi féodale. S'il demandait au-delà, les barons se réunissaient en parlement, et le parlement accordait ou refusait ce qui lui était demandé.

Les Rois démembrèrent et aliénèrent leur domaine, et furent souvent réduits à la nécessité, ou de lever des taxes arbitraires, ou de convoquer le parlement pour obtenir des subsides. Les subsides étaient accordés ou refusés, suivant la force ou la faiblesse du prince.

Plus les Rois aliénaient leur domaine, plus ils tombaient sous la dépendance de leurs barons; et comme l'hérédité n'était pas limitée à la descendance masculine, ni même invariablement fixée dans l'ordre de primogéniture, les barons trouvaient toujours un prince ambitieux prêt à seconder leur résistance et à se mettre à leur tête. Mais alors le nouveau prince, lorsque son rival était vaincu, tombait lui-même sous la dépendance des barons, et l'autorité royale s'affaiblissait perpétuellement.

Jusqu'au treizième siècle, les *terres* ou le *pays* furent uniquement représentés par les barons. Ce que depuis on appela les communes était inconnu.

Après diverses révolutions funestes à la couronne, Édouard Ier voulut opposer l'influence naissante des corporations ou communes à la puissance des barons. Il publia une ordonnance pour que chaque *bourg* envoyât deux députés investis de pouvoirs suffisans pour consentir aux subsides nécessaires.

Ces députés ne délibéraient que sur les taxes qui leur étaient demandées. Ils ne siégeaient pas avec les barons, et ils se retiraient après avoir voté sur les subsides.

L'influence des députés des communes s'accrut avec les besoins toujours nouveaux de la couronne. De-là l'établissement régulier des deux chambres, leur concours à la puissance législative, quelquefois l'usurpation de la souveraineté, enfin depuis le bill des droits, leur admission légale à l'exercice de la souveraineté.

On se fait en France une idée très-fausse du parlement en général et de la chambre des communes en particulier. Ne perdons pas la trace des faits, car en Angleterre les faits sont la seule base des lois et des institutions existantes.

Dans l'origine, toutes les terres, c'est-à-dire, tout *le pays*, étaient représentés par les *barons* (1). Lorsque Guillaume fit faire le ca-

---

(1) Tous les barons, grands et petits, c'est-à-dire, qui tenaient immédiatement leurs terres du Roi, avaient un droit égal, et une obligation égale d'assister au parlement. Mais sous le règne de Henri III, les petits barons ou chevaliers ne furent pas convoqués. Seulement ils furent autorisés à députer deux chevaliers par comté.

dastre, ou *le grand terrier* d'Angleterre, les plus grands bourgs n'étaient que des villages habités par un petit nombre de marchands qui ne formaient aucune corporation.

Peu à peu il se forma des corporations, qui furent reconnues légalement sous tous les titres imaginables : le Roi lui-même est considéré comme une corporation, en ce sens que la royauté est héréditaire dans sa famille, et que le trône ne devant jamais être vacant, le successeur immédiat se trouve *de jure* investi de toutes les prérogatives royales. Il en est de même de toutes les corporations : elles ont chacune leurs lois, leurs droits, leurs lois propres ou priviléges, leurs moyens de perpétuité. Une ville ou un bourg, un chapitre, un collége, une université, un évêché, une cure, un hôpital, sont des corporations; et chaque corporation est comme une famille ou une petite patrie, indépendante des autres et dépendante seulement du Roi, qui, dans le sens rigoureux de la loi, est leur unique fondateur, parce que lui seul peut incorporer une société.

Ces corporations s'établirent et s'étendirent à mesure que la civilisation fit des progrès; et l'ordre naturel des choses porta les Rois à s'appuyer sur elles, soit collectivement, soit séparément, pour en obtenir des secours pécuniaires. C'est ainsi que les Rois convoquaient les barons, en totalité ou en partie, ecclésiastiques ou laïcs, suivant la nature ou l'étendue de leurs besoins; et plus tard, c'est ainsi qu'ils invitèrent les corporations en tout ou en partie, à nommer des députés pour les subsides qu'il avait à leur demander.

Le Roi appelait donc les bourgs et les villes, considérés comme corporations, à nommer leurs députés. Il en était ainsi des universités. Plusieurs de ces bourgs, aujourd'hui sans commerce et sans habitans, et que l'on nomme *Rotton-Boroughs, Bourgs-Pourris*, ont conservé leur privilége, qui alors était une véritable charge, tandis que plusieurs villes, aujourd'hui très-peuplées et très-florissantes, n'ont pas le droit d'élection, parce que ces villes n'existaient pas alors, ou avaient obtenu dans l'origine la *faveur* d'être dispensées de nommer et d'entretenir leurs députés, qui étaient à leurs frais.

Le droit d'élection repose donc sur deux titres, qui sont aujourd'hui ce qu'ils étaient à leur origine : *la propriété territoriale*, et non pas la population, parce que toute propriété relève du Roi; et les bourgs ou corporations diverses, pour les intérêts nés depuis l'intérêt primitif de la propriété (1).

La propriété territoriale, in capite, ou les fiefs, donnaient le droit de siéger au parlement, avant l'existence des communes. Mais peu à peu les *chevaliers* ayant été élus par les bourgs et les corporations, préférèrent de siéger à la chambre des communes. Ainsi, la chambre des communes se compose actuellement des *chevaliers* ou députés du comté, qui représentent les fiefs inférieurs, et des députés des corporations ou communes.

Le droit de suffrage était différent, suivant les lieux et les chartes particulières. Il est aujourd'hui déterminé par des statuts de Georges II et du dernier Roi. Mais il est inutile de s'en occuper ici. Notre dessein est uniquement de faire connaître la véritable constitution de ce que l'on appelle *le parlement d'Angleterre*, pour faire mieux sentir l'immense différence qui existe entre

---

(1) Ici nous donnons une extension à ce qui existait primitivement, car les communes furent *incorporées* dans le sens même du droit féodal. Les *terres* que le Roi leur donnait étaient leur seul titre pour entrer à la chambre des communes; et ces *terres*, comme les fiefs, relevaient du Roi.

lui et les deux chambres qui, en France, concourent à la formation de la loi, d'après la Charte de 1814.

En résumant ces observations diverses, on voit que le gouvernement anglais est absolument la féodalité pure, modifiée par les révolutions du pays et par les progrès de la civilisation universelle; que ni la chambre des lords, ni la chambre des communes, ne représentent la nation, mais que les lords représentent seulement les grands fiefs de la couronne, et que la chambre des communes représente seulement, soit les fiefs inférieurs, soit les bourgs ou corporations considérées dans les intérêts particuliers de chacune d'elles. Ainsi les deux chambres ne représentent point l'Angleterre comme être collectif ou comme peuple, mais les intérêts de la propriété dont le Roi est seigneur, et les intérêts de chacune des corporations qui ont du Roi un titre légal. Ainsi, et dans le sens le plus rigoureux, la souveraineté n'est point dans le peuple anglais, et les deux chambres ne sont point la représentation nationale; mais les deux chambres avec le Roi ont seuls la souveraineté, qui, dans l'origine, n'appartenait qu'au Roi.

On voit encore que l'aristocratie est dominante : 1° par le droit héréditaire des lords, qui représentent les grands fiefs de la couronne; 2° par la nomination des chevaliers ou députés des comtés à la chambre des communes, lesquels représentent les fiefs inférieurs de la couronne. Quant à la partie démocratique du gouvernement, née des progrès des temps et de la civilisation, elle se trouve dans la représentation, non de *la population*, mais des bourgs et corporations, lesquels sont considérés à part du peuple, et ne sont, par la fiction de la loi, que des personnes individuelles.

Ainsi, le droit féodal s'est perpétué en Angleterre depuis Guillaume-le-Conquérant jusqu'à nos jours sans interruption. La constitution anglaise est toute féodale, et le gouvernement actuel ne peut que se maintenir ou tomber *tout d'une pièce* avec la féodalité. On conçoit par-là ce qu'entendent les partisans de ce qu'on nomme *réforme radicale;* mais ceux-là ne se trouvent pas même dans les bourgs et corporations. Ils ont d'ailleurs pour adversaires toute la partie propriétaire et aristocratique du gouvernement. La *réforme radicale* ne serait que la chute absolue, complète, effroyable, d'un corps immense, formé, accru par le temps, et que le temps seul peut modifier et perfectionner dans les intérêts insensibles que le temps fait naître. Quant aux scènes tumultueuses qu'offrent périodiquement les élections des grandes corporations, elles tiennent à la nature même des choses; elles étonnent les observateurs superficiels, qui ne voient pas qu'une corporation n'est qu'une personne qui n'agit que sur elle-même, et dont l'action, considérée hors de la corporation, est contenue par les intérêts, les droits et l'action intérieure de chacune des autres corporations. Il y a tumulte, si l'on veut, dans la corporation, mais il n'y a ni tumulte, ni danger dans l'État. Ce sont uniquement des troubles ou des désordres de familles qui n'ont aucune influence sur la famille voisine.

De ces considérations, qui sont fondées sur des faits permanens et perpétuels, résulte pour la France une conséquence immédiate : c'est l'absurdité de l'analogie que l'on cherche à établir entre notre gouvernement et celui de l'Angleterre, analogie démentie par les siècles, par l'histoire, par toute la force des faits les plus évidens. Nous n'hésitons pas à le dire : l'erreur qui s'établit généralement sur ce point essentiel, est le plus grand danger que la France puisse subir. Nous allons en établir la preuve par les faits antérieurs à la révolution, par ceux de la révolution, et enfin par notre droit public tel qu'il est fondé par la Charte de 1814.

Le droit féodal était la loi commune de l'Europe; il fut celui de la France comme celui de l'Angleterre. Les faits résultans du droit féodal ont eu la même cause partout; mais ils ont été différens, suivant les mœurs ou l'état respectif des peuples.

Ainsi, les barons en Angleterre et les grands vassaux de la couronne en France, ont successivement usurpé les droits de la souveraineté, à mesure que les Rois de l'un et de l'autre peuple s'affaiblirent par l'aliénation du domaine royal. Mais en Angleterre, les barons s'unirent aux communes contre l'autorité royale; en France, les Rois s'unirent aux communes pour reconquérir l'autorité royale sur les grands vassaux de la couronne.

Il est évident, par le fait, qu'en Angleterre depuis Guillaume, et en France depuis la troisième race, la souveraineté résidait dans la royauté.

Mais en Angleterre, la loi de la succession au trône a été long-temps incertaine. De plus, le trône passait aux femmes, et l'État se trouvait nécessairement occupé, réclamé ou conquis par des princes d'origine étrangère ou de ligne collatérale; de-là une source perpétuelle de révolutions et de guerres civiles.

En France, au moins depuis la troisième race, la perpétuité de la maison de France était *une loi de l'État*. La descendance mâle était seule admise à régner, par ordre de primogéniture. C'est par cette loi, qui était devenue sensible à tous les esprits, parce qu'elle est une loi prise dans la nature même de la famille, que la France n'a jamais subi le joug de l'étranger; qu'elle a toujours résisté à toutes les révolutions, et qu'elle a toujours trouvé *dans l'unité* une force vitale, capable de réparer en peu d'années tous les malheurs inséparables des sociétés humaines.

En Angleterre, l'État est l'héritage de la maison régnante; mais il n'y a point et il ne peut y avoir de *maison d'Angleterre*.

En France, il y a une *maison de France*, toute française, toujours française, et qui remonte à l'origine même de la France : elle est, en un mot, la propriété et l'héritage de la France; toujours elle ne fait qu'un avec la France, au milieu de toutes les générations qui naissent, qui croissent, qui meurent et qui renaissent perpétuellement autour d'elle.

Cette différence dans la loi de succession, explique la différence des révolutions dans les deux peuples. En Angleterre, la souveraineté ne pouvait rester uniquement dans la royauté, parce que le Roi et la nation sont devenus nécessairement deux *êtres moraux* différens l'un de l'autre, et toujours en combat l'un avec l'autre : de-là, la perpétuité des parlemens, qui, par une tendance nécessaire dans les révolutions nées de la complication des droits à la succession royale, ont envahi la souveraineté pour en resserrer l'exercice, et enfin la partager avec le Roi (1).

En France, la souveraineté fut envahie de fait par les grands vassaux de la couronne, comme en Angleterre. Mais la loi de succession était déjà reconnue dès la troisième race, et la royauté, s'unissant au peuple, a nécessairement ressaisi toutes les branches éparses de la souveraineté.

L'introduction en Europe des *corporations* ou *communes* fut l'ouvrage de Louis-le-Gros. La première qui s'établit en Agleterre fut la *fraternité* de Saint-Thomas de Cantorbery,

---

(1) Ce combat perpétuel de la royauté avec l'aristocratie eût souvent fini par la conquête, sans la position insulaire de l'Angleterre, et cette position ne l'en a pas toujours préservée.

formée, en 1564, sous le nom de *marchands aventuriers*.

En France, les marchands se réunirent en corporations : de-là le titre encore subsistant en 1789, de *prévôt des marchands*, à Paris, à Lyon, etc.

Ces corporations aidèrent puissamment les Rois de France contre les grands vassaux rebelles ou usurpateurs. On eut besoin de leurs secours, et leurs députés furent appelés, comme en Angleterre, à délibérer sur les subsides qui leur étaient demandés par le Roi : de-là l'origine du *Tiers-état*.

Les Rois de France ayant successivement soumis les grands vassaux à l'autorité royale, et réuni leurs domaines à la couronne, n'eurent pas besoin, comme en Angleterre, de convoquer perpétuellement leurs parlemens ou les états-généraux.

Il y avait trois ordres dans la nation, le clergé, la noblesse et le tiers-état.

Chaque ordre, lorsque les états-généraux étaient convoqués, nommait ses députés. Mais les députés représentaient seulement l'ordre qui les avait nommés. Ils ne représentaient point la nation, mais leur ordre; chaque ordre était indépendant l'un de l'autre, sous la souveraineté positive du Roi.

Depuis l'année 1614, les états-généraux n'avaient point été convoqués, et antérieurement ils ne l'étaient que dans les besoins pressans du royaume. A cette époque, et dans les temps antérieurs, il semble qu'il n'existait aucune règle fixe, ni pour les conditions d'éligibilité, ni pour le nombre des députés.

En effet, aux états de 1614, le clergé avait nommé 140 députés, la noblesse 132, le tiers-état 192.

Aux états de Blois, en 1588, il y avait 134 députés du clergé, 104 de la noblesse et 191 du tiers-état.

Aux états de la même ville, en 1576, on comptait 104 députés du clergé, 72 seulement de la noblesse, et 150 pour l'ordre du tiers.

Enfin, aux états de Pontoise, en 1561, les députés du clergé n'assistèrent pas à l'assemblée.

Des états de 1614 à l'année 1788, tous les rapports de l'ordre politique étaient changés; et lorsque Louis XVI, par son édit du 27 décembre, publié sous le titre de *Résultat du conseil*, fixa le nombre respectif des députés de chaque ordre aux états-généraux, la France toute entière se partagea d'opinion sur ce qu'on appelait *le doublement du tiers*.

La monarchie, qui depuis plusieurs siècles reposait sur la triple base de trois ordres distincts, séparés et indépendans l'un de l'autre, avait conservé sa forme extérieure; mais quels changemens incalculables s'étaient réellement opérés, non-seulement en France, mais encore dans l'Europe entière, depuis la découverte du Nouveau-Monde, la renaissance des lettres, l'imprimerie et la réforme de Luther!

Avant cette grande époque, la propriété, d'abord féodale, et insensiblement simple propriété de familles ou de corporations, était essentiellement le principe conservateur de l'État. Le clergé, la noblesse, possédaient alors des domaines pour ainsi dire incommutables dans leurs ordres respectifs. L'autorité du Roi tirait elle-même, au moins dans l'origine, sa plus grande force de ses domaines, qui le rendaient le plus grand propriétaire de l'État. Quant à l'ordre du tiers, son introduction dans les états-généraux était moderne, et n'avait d'autre objet que le vote des subsides. Son influence comme propriétaire n'était rien, comparée à celle des deux premiers ordres.

Peu à peu les trésors des Deux-Indes avaient mis, dans les mains du tiers-état, une force devant laquelle s'évanouit la force politique de la propriété. De nouveaux et d'immenses intérêts se développèrent et créèrent des droits, jusque-là inconnus et toujours méconnus. Le tiers-état devint d'abord lentement, mais toujours progressivement et enfin d'une manière irrésistible, la nation toute entière. Cette révolution, continuée depuis Louis XI par le cardinal de Richelieu, et par Louis XIV, contre la noblesse, fut terminée pour le clergé sous la régence et pendant le règne de Louis XV ; à cette dernière époque et lorsque Louis XVI monta sur le trône, l'ancienne monarchie n'existait plus.

« Les nations, disait alors un des plus beaux » génies de l'Angleterre, s'enfoncent tous les » jours de plus en plus dans l'océan d'une » dette sans bornes !..... La dette publique, » qui dans l'origine était une sûreté pour les » gouvernemens, deviendra la source de leur » ruine. » (*Edm. Burke.*)

Le moment fatal était venu pour la France. Les états-généraux furent convoqués en 1788, comme si rien n'eût été changé en Europe et en France depuis 1614.....

Lorsque le Roi céda au vœu impérieux du parlement de Paris, il était loin de prévoir qu'il allait consommer la dissolution de la monarchie ; et le parlement, qui assurait à ce malheureux prince *qu'il n'aurait à craindre des états-généraux que la prodigalité excessive de leur zèle pour le maintien de la dignité et de la puissance du trône*, le parlement ne pensait pas que, trois ans après, le trône n'existerait plus, et que l'infortuné monarque... Arrêtons-nous sur cette funeste imprévoyance.

Le ministère n'avait indiqué aucune autre règle pour les élections que les anciens usages. Mais depuis cent soixante-douze années, quels immenses changemens ! Chaque bailliage fixa lui-même ses propres droits, sans examiner ceux du souverain. Le corps électoral de Paris se constitua en permanence pour surveiller l'exécution de ses mandats, et si les députés arrivèrent individuellement aux États avec les intentions les plus pures, leur réunion, abandonnée sans guide à l'entraînement des illusions et de l'enthousiasme, devait nécessairement participer à l'incohérence des élémens de leur élection.

Le Roi ouvre les États. Mais le ministère abandonne cette assemblée à elle-même, sans lui indiquer même un seul réglement provisoire pour l'ordre de ses premières opérations. Cependant une voix se fait entendre, et dit : *Qu'est-ce que le tiers-état? La nation, moins le clergé et la noblesse;* et le tiers-état, se déclarant *assemblée nationale,* saisit sur-le-champ l'initiative des lois. De ce moment, la royauté s'évanouit.

Un fantôme de constitution s'élève au milieu des orages, constitution où le principe démocratique domine seul, et forme sur chaque parcelle du territoire français une sorte de république fédérative; constitution enfin où le monarque est nécessairement un hors-d'œuvre. Un sage système d'élection et d'assemblée nationale aurait pu réparer ce que le nouveau pacte social contenait d'incohérent et de destructeur. Mais la deuxième assemblée n'avait essentiellement de force que pour détruire. Ses élémens naturels la poussaient invinciblement à précipiter le monarque dans l'abîme : elle obéit à sa funeste vocation. Ainsi la première assemblée usurpa sur le Roi la puissance législative; la seconde lui arracha le sceptre dangereux et fragile qui lui restait encore.

Une troisième assemblée nationale est convoquée, sous le titre de *convention,* avec l'investiture de toutes les forces de la souveraineté. Mais par un fatal renversement de tous les principes d'ordre social, aucune règle, aucune garantie ne fut même indiquée pour les élections : la convention acheva l'ouvrage des deux assemblées qui l'avaient précédée. Il ne restait à Louis XVI que la vie. Le nouveau souverain suivit l'exemple de ces souverains barbares de l'Orient, qui ne voient de sûreté pour eux que dans la mort des princes qu'ils ont détrônés.

La France, fumante encore de la foudre révolutionnaire, fit un effort pour sortir de ses ruines sanglantes. La constitution de l'an 3 est proclamée. Elle contenait un premier principe de garantie pour la sagesse des élections, celui de la propriété. Ce faible effort de la nation vers un état plus régulier se fit sentir par des effets assez remarquables; et malgré les suites du décret par lequel la convention s'introduisit violemment dans le nouveau corps législatif, les deux chambres luttèrent avec persévérance contre les principes révolutionnaires, jusqu'à ce qu'un guerrier de la révolution parut, et à l'exemple du jeune Octave, qui se porta pour héritier de la république romaine, voulut se porter aussi héritier de la république française.

La constitution consulaire établit le droit d'élection et le droit d'éligibilité sur le principe absolu de la propriété. Les corps électoraux furent essentiellement propriétaires : delà une tendance invincible vers la monarchie.

Le premier consul se proclama empereur. Il se réserva l'initiative absolue des lois. Le corps législatif, condamné au silence, n'eut que le pouvoir de dire : *Oui* ou *non*. Le sénat ne put recevoir et enregistrer que les ordres suprêmes. Aucune limite ne fut posée, aucune limite ne fut possible, si ce n'est celle contre laquelle vient enfin et nécessairement se briser toute force désordonnée. Jusque-là, les deux chambres législatives ne furent destinées qu'à enregistrer les édits qui décimaient la France.

Mais la souveraineté n'a de force que pour conserver et perpétuer ce qui est dans l'ordre naturel et nécessaire des choses : elle se détruit, elle est suicide, si elle abuse d'elle-même. Bientôt Napoléon sentit l'invincible puissance de cette loi de la nature ; il disparut dans les tempêtes qu'il avait soulevées ; et la souveraineté rentra enfin dans l'antique maison de France (1).

---

(1) L'auteur de l'ouvrage dont cet article est extrait a développé, dans le chapitre II de son livre, les circonstances de ce grand événement et les principes de la Charte. Cette observation explique la brièveté avec laquelle il parle ici de la restauration et de la Charte. On voit qu'il ne considère ici que ce qui est relatif aux deux chambres, comparées au parlement d'Angleterre.

La Charte de 1814 fut proclamée : heureux les princes qui savent discerner la nécessité des temps et des choses ! C'est la véritable science des Rois.

Les deux chambres furent constituées, et de suite leur analogie *nominale* avec les deux chambres anglaises frappa les esprits superficiels : un député de 1814 proposa de déclarer que le Roi et les deux chambres formaient le parlement du royaume de France.

Cette erreur subsiste encore, et des erreurs bien plus graves. Demandez en effet au nouveau député qui vient d'être élu, quel est son titre ? quels sont ses droits ? Il n'hésitera point à vous répondre qu'il appartient à *la représentation nationale* (1). Ainsi, le gouverne-

---

(1) Pour des besoins nouveaux il fallait des expressions nouvelles. Si donc par ces mots : *représentation nationale* et *gouvernement représentatif*, on entend, en France, une forme de gouvernement où les intérêts sans cesse renaissans du peuple soient discutés par des hommes qui en reçoivent le mandat formel, non de la nation, mais de la loi, j'adopte ces mots ainsi limités à leur sens légal. J'ajouterai qu'en général, chez les peuples dont la civilisation est très-avancée, et en particulier en France, cette forme de gouvernement est indispensable. Je ne récuse que l'idée de *souveraineté du peuple*, qui s'attache à l'idée de *représentation nationale*.

ment représentatif, qui n'existe pas même en Angleterre, et dont le nom n'est exprimé ni implicitement ni explicitement dans notre Charte, se trouve établi par une opinion erronée, dans toute l'étendue que l'esprit peut donner à un mot vague et inintelligible, parce qu'il ne peut être logiquement déterminé. *En fait*, la Charte dit : *forme du gouvernement du Roi*, et non pas le *gouvernement représentatif*.

Sans développer ici les immenses conséquences qui résulteraient infailliblement de cette erreur de mots, si elle devenait générale, on se borne ici à dire, suivant le texte et l'esprit de la Charte, que le député qui vient d'être élu ne représente pas plus la nation ni son département que l'électeur qui l'a nommé. L'un et l'autre n'ont qu'une fonction absolument personnelle, comme tout autre dépositaire d'une portion de l'autorité publique.

Si donc, sur une seule question qui peut être ramenée aux termes les plus simples, il existe une erreur de fait aussi générale, que sera-ce dans les questions les plus graves de l'ordre social ?

En effet, si vous interrogez au hasard ceux même qui prennent part aux affaires publiques, vous ne trouverez, en général, aucun principe commun arrêté fortement dans leur esprit. Les uns vous diront, avec J.-J. Rousseau : la loi est l'expression de la volonté générale. Mais si cela est ainsi, vous, députés, qui vous a rendus les interprètes ou les mandataires de la volonté générale? D'autres vous diront : la souveraineté réside dans la nation; telle chambre représente la nation; le Roi est le chef du pouvoir exécutif. Ces formules, devenues populaires et banales, parce qu'elles sont devenues un fait pendant la révolution, n'expriment que l'absence de toute idée nette et précise de la vérité dans les choses, et surtout dans notre état politique.

Si les intérêts et les devoirs de l'homme en société se bornaient aux instans fugitifs de la vie, je concevrais peut-être ce que l'on croit entendre généralement par les mots de *représentation nationale*, et par conséquent de *souveraineté du peuple*. Mais nous tous qui vivons, nous ne vivons qu'individuellement au milieu des générations qui naissent, qui croissent et qui meurent perpétuellement autour de nous. Notre vie, nos lois, nos propriétés, nos monumens, nos foyers, nos autels et nos tombeaux, tout ce que nous recevons enfin de nos pères, nous le devons à notre postérité. Ce sont ces grands intérêts, et non pas la terre brute que nous foulons aux pieds, qui forment la patrie. Qui donc peut les garantir, je ne dis pas à nous seulement, mais à ceux qui naissent au milieu de nous, et qui vivent après nous? Qui peut en garantir la perpétuité? La royauté; et par ce mot, j'entends tout gouvernement fondé sur les principes naturels à chaque société. Si donc la représentation nationale existe, c'est là seulement qu'elle se trouve; et l'on verra bientôt que, même dans ce sens, elle n'existe pas, puisqu'un peuple qui n'est tel que par la loi et le prince, ne se représente pas auprès de lui-même.

En France, la royauté toujours vivante, et pour ainsi dire immortelle, par cette loi si naturelle de l'hérédité, donne à la mobilité des choses sociales l'immutabilité de la nature. L'hérédité est pour tous les sujets le signe visible de la souveraineté. Aussi par cette loi seule, c'est encore en France, que malgré toutes nos aberrations politiques, l'ordre social est le plus solidement constitué, si nous sommes assez libres de préjugés pour comprendre que la représentation nationale n'est autre chose que le pouvoir, qui seul, et toujours, représente dans l'État et hors de l'État, le passé, le présent et l'avenir. C'est dans ce sens qu'il existe une représentation nationale. Car, auprès de qui une nation serait-elle représentée? auprès de son gouvernement? Mais, on l'a déjà dit, un peuple n'est tel que par la loi et le prince. Hors delà, il n'y a que des individus.

En France, la *forme du gouvernement du Roi* exige le concours de deux grands corps politiques pour la formation de la loi, sous l'autorité du Roi qui propose la loi et qui lui imprime la force légale. Mais ces deux corps ont leur mandat, non pas du peuple ou du Roi, mais de la loi elle-même. Ils ne sont donc pas la *représentation nationale* dans le sens populaire que l'on donne à ce mot.

Pourquoi donc, dira-t-on, des corps électoraux, une chambre des députés et une chambre des pairs? Si les deux chambres ne sont pas la représentation nationale, que sont-elles, que peuvent-elles être dans l'État?

Il faudrait long-temps s'agiter dans un cercle vicieux avant de répondre à ces questions, si l'on ne remontait à des questions bien autrement importantes. Il faut d'abord s'entendre et savoir ce que l'on entend par ces mots : *Nation*, *loi* et *souveraineté*. Ces mots bien définis, il en résultera une solution claire et positive des questions qui nous occupent. Nous tâcherons d'écarter les nuages qui les environnent. Sachons bien ce que nous sommes, pour être enfin et toujours ce que nous devons être.

En France, l'idée de la souveraineté n'a jamais été séparée de l'idée de la royauté, avant le projet formé par les princes de la maison de Lorraine de succéder aux Valois et d'exclure les Bourbons. Vainement ils voulaient faire entendre qu'ils pourraient se présenter pour héritiers légitimes de Henri III, s'ils prouvaient leur descendance de la race Carlovingienne. La souveraineté du peuple, nouvellement érigée en principe, leur parut plus sûre, et les États de Paris furent convoqués dans l'intention de faire déférer la couronne au duc de Guise. Mais les Français rejetèrent ces astucieuses combinaisons; *la maison de France* continua de régner sur la France, et le courage du grand Henri IV arracha le sceptre de saint Louis aux factieux, aux fanatiques, aux Lorrains et à la maison d'Autriche.

La doctrine de la souveraineté du peuple se répandit en Allemagne et en Angleterre. Charles Ier ne put la vaincre et périt sur l'échafaud. Louis XVI, sans la combattre, tomba sous la hache parricide. Louis XVIII osa ne pas la craindre, mais il ne l'a pas désarmée.

Quelle est donc la vérité sur ces théories qui tourmentent les peuples depuis si long-temps? Est-elle inaccessible à *la raison* de l'homme?

Il faut se l'avouer avec franchise; malgré la loi positive, qui est notre seule sauve-garde, nous n'avons point encore abjuré le dogme de la souveraineté du peuple. On ne reconnaît point encore qu'un peuple n'est *peuple* que par *la loi* et *le prince*. On dit encore dans sa pensée, en attendant qu'on puisse le proclamer par la force, *la nation, la loi* et *le Roi;* comme s'il y avait là trois êtres différens qui eussent leur existence séparée, indépendante l'une de l'autre! comme si les individus, *liés* ou *obligés* par *la loi*, pouvaient être séparés *du prince* (1), qui, par *ce lien* de *la loi*, forme par elle et avec eux un tout indivisible, c'est-à-dire, la nation! Concevez

(1) Est-il nécessaire de dire que par le mot *prince*, nous entendons ici le gouvernement, quel qu'il soit, monarchique, aristocratique ou républicain?

donc, s'il est possible, un peuple sans *loi* et sans *prince*, une *loi* sans *peuple*, un *prince* sans *peuple* et sans *loi*. La raison ne peut descendre à cette absurdité. Les passions seules ont pu donner un nom à cette confusion d'idées, pour y rallier toutes les passions désordonnées.

Mais la loi est l'expression de la volonté générale! Eh! sans doute, puisque tout dans la nature, dans la nature morale comme dans la nature matérielle, a un principe de conservation et de reproduction qui est la loi, la raison même de son existence.

« Les lois, dit Montesquieu, sont les rap-» ports nécessaires qui dérivent de la nature » des choses. »

Ainsi, en politique, la loi est l'expression de la volonté générale, en ce sens que la volonté générale de la société est de conserver l'ordre social. Mais la volonté générale n'est pas la volonté des individus, ils n'en ont plus d'individuelle. Vainement donc tous les individus qui, avec le prince et la loi, forment un peuple, voudraient un crime, leur volonté ne serait pas la volonté générale, elle ne serait pas une loi, elle serait un crime contre la loi. Il en serait de même de la volonté du prince.

Dieu a des lois qui sont le rapport de lui avec la nature.

Le monde matériel a des lois, sans lesquelles il cesserait d'exister ou n'existerait pas.

Les êtres intelligens ont des lois qu'ils n'ont pas faites et des lois qu'ils ont faites. Les unes sont la raison même de leur existence, les autres en sont ou en doivent être l'expression. En un mot, les lois positives de l'homme en société sont *la raison écrite* ou manifestée par le pouvoir souverain.

La loi, dans les choses morales, c'est l'ordre, et l'ordre dérive de l'intelligence suprême. C'est en ce sens que l'on a dit : Toute puissance vient de Dieu.

Dans la société, la puissance ou la souveraineté est la raison du corps social. Elle n'appartient pas plus au peuple, considéré comme agrégation d'individus, que la pensée n'appartient à la matière : il n'y aurait là qu'une force aveugle et désordonnée. Cette force, qui alors serait essentiellement destructive, ne peut être la souveraineté, qui est essentiellement conservatrice. Elle ne peut être hors du prince, pas plus que la tête ne peut être séparée du corps humain. Ainsi, le prince et le peuple, *liés, obligés* réciproquement par *la loi,* voilà la nation. En ce sens, la souveraineté est, si l'on veut, dans *la nation*, mais elle y est seulement par le prince, qui en est inséparable, comme la volonté est dans l'homme, par la pensée qui le constitue *être moral*. Ainsi, quand Louis XIV a dit : L'État, c'est *moi*, il a parlé comme prince, parce que c'est le prince qui est l'ame, la pensée, le mouvement, le *moi* du corps social.

Cette doctrine n'est pas nouvelle. « Le souverain, dit Aristote, est partout l'ordonnateur suprême de la cité; et l'espèce du souverain détermine le genre du gouvernement.... Or, le souverain est, ou un seul, ou quelques-uns, ou le grand nombre. » Ainsi, dans les républiques même, le peuple n'était pas le souverain, mais le gouvernement était le souverain de ces républiques. A Athènes, les actes publics portaient : *Le conseil et le peuple d'Athènes*; à Rome, *le sénat et le peuple romain*. Dans ces actes, on entendait par peuple, non pas les individus qui composent la multitude, mais ceux qui avaient le droit de cité. Ceux-là seuls participaient au gouvernement, et par conséquent à la souveraineté.

Si ces principes sont rigoureusement vrais, il en faut admettre les conséquences. Or, en France, et par la loi de l'État telle qu'elle est, le Roi seul est souverain. Supposer maintenant que les deux chambres ou l'une des chambres forment ce que l'on entend par représentation nationale, c'est admettre une souveraineté hors du gouvernement, hors du Roi, et par conséquent dans la possibilité d'être contre lui et sans lui. En un mot, c'est dénaturer, détruire, anéantir l'essence même de notre gouvernement. Ce n'est plus la Charte, ce n'est plus la royauté. Le titre de Roi n'y est plus qu'un vain titre, la souveraineté n'y est plus attachée, elle a un autre foyer, elle est dans les chambres, jusqu'à ce que l'anarchie la leur enlève et la transfère à un autre maître.

Je le répète encore, parce que là est un grand danger pour la France : une fausse et funeste analogie nous porte sans-cesse à voir dans nos deux chambres les deux chambres du parlement britannique. Ce que j'en ai dit suffit pour en démontrer l'immense différence. Par cette différence il serait facile de prouver que l'Angleterre périrait immédiatement si elle adoptait notre constitution ; mais on prouverait plus facilement encore qu'en adoptant la constitution anglaise, nous péririons nous-mêmes par l'anarchie et la conquête. Si donc la souveraineté est en elle-même le principe conservateur de la société, la souveraineté en France ne peut être que dans le Roi ; en un mot, si la souveraineté pouvait jamais passer hors du Roi par communication ou partage avec les chambres, comme en Angleterre, la ruine de l'État serait certaine (1).

---

(1) La raison en est évidente. En Angleterre, l'aristocratie étant aussi forte que le Roi, n'a plus d'intérêt à affoiblir la royauté, et son intérêt se trouve au contraire dans l'appui même qu'elle prête à la royauté ; et quel appui que l'immense force de l'aristocratie anglaise ! En France, au contraire, l'aristocratie n'est encore que nominale et fictive. Si la souveraineté résidait en France, non pas dans la royauté, mais comme en Angleterre dans le parlement, considéré comme composé du Roi, des pairs et des députés, le Roi et les pairs même réunis seraient plus faibles que la chambre des députés : l'un et l'autre disparaîtraient immédiatement dans l'anarchie, et l'anarchie amenerait la conquête par le seul fait de notre position géographique : sorte de danger qui n'existe pas pour l'Angleterre.

CONSIDÉRATIONS

SUR

LA CONSTITUTION

DÉCRÉTÉE LE 19 MARS 1812, PAR LES CORTÈS RÉUNIS A CADIX.

AVERTISSEMENT.

Lorsque les Cortès extraordinaires d'Espagne délibéraient à Cadix, la péninsule espagnole était presque toute occupée par Napoléon Bonaparte, sous le nom de son frère Joseph. Le Roi Charles IV vivait retiré en Italie; son fils Ferdinand VII était captif à Valençai. Napoléon et Joseph se disaient les souverains légitimes des peuples espagnols, et fondaient leur titre sur l'abdication successive des deux Rois.

En droit politique, l'abdication du Roi Charles IV en faveur de Napoléon, était radicalement nulle. Si un Roi peut abdiquer pour sa propre personne, il ne peut abdiquer la souveraineté hors de sa dynastie, lorsqu'elle est de droit héréditaire. L'occupation du trône espagnol par les deux frères Bonaparte était donc une usurpation manifeste, qui violait également l'équité naturelle, la dignité et les droits des peuples espagnols, et le droit positif de toutes les nations.

C'est dans cette situation fausse, inique et violente, où la perfidie avait placé l'Espagne, que les Cortès de Cadix décrétèrent une constitution, fondée en principe sur la souveraineté du peuple. Ce n'était alors qu'une protestation devant Dieu et les hommes, contre la prétendue souveraineté des Bonaparte.

En effet, Napoléon disait aux peuples espagnols : Votre souverain m'a transmis la couronne ; c'est moi qui suis votre souverain ; je cède mes droits à mon frère, qui devient votre Roi, votre souverain légitime.

Les Cortès répondirent par leur constitution et par la souveraineté du peuple.

Depuis 1812, ce principe a reçu en Espagne une application bien différente. Proclamé contre un Roi illégitime, plus tard il l'a été contre la souveraineté des Rois légitimes. Ainsi, dans les temps malheureux, les factions cherchent partout un étendard pour rallier les passions ardentes, et même entraîner les cœurs généreux.

Au moment où nous écrivons, la constitution de Cadix est présentée à Naples, comme au Brésil; au Piémont, comme au Portugal. En France même on la proclame comme le véritable type des constitutions qui assurent la liberté. Absurde logique des ennemis de la paix publique et de toute liberté! Chaque peuple a ses mœurs comme son climat. Veut-on renouveler ces temps où le Directoire croyait que notre constitution de l'an 3 était l'unique loi qui dût régir les deux mondes? Le Directoire voulait partout des directoires. Bonaparte voulait partout des trônes de sa façon. Aujourd'hui nos orateurs croient-ils sérieusement que sur la foi de leur éloquence, la nature arrêtera ses lois éternelles devant la constitution de Cadix?

En France, nous avons une constitution qui émane tout à la fois de la sagesse et de l'autorité légitime du législateur. On ne contestera pas qu'à l'époque où elle fut donnée par le Roi, ni le sénat, ni aucune autorité ne possédait les droits du pouvoir constituant. A quel titre aurait-on dit au Roi : Vos anciens droits sont prescrits ! voici cependant les conditions auxquelles nous vous rappelons sur le trône ? Décréter ces conditions *à priori*, et convoquer le peuple pour ratifier ces conditions, c'était apparemment exercer la souveraineté. Mais alors quel était le titre primordial de cette autorité? De force, il vous faut choisir entre le 6 octobre et le 21 janvier. Les sectaires de la souveraineté du peuple en France, et tous ceux dont l'orgueil se révolte à la seule pensée que le Roi a osé nous *octroyer la Charte*, ne sortiront jamais de ce terrible dilemme : ou la Charte, ou le 21 janvier est légitime. Qu'ils se prononcent!....

Lorsqu'au mois de mars 1820, le Roi d'Espagne accepta la constitution de Cadix, nous fîmes quelques notes sur le texte de cette constitution. Nous respectons comme nous le devons les institutions nouvelles de nos voisins, et nous espérons même que l'expérience, comme le noble caractère des peuples espagnols, fera disparaître tout ce que ces institutions peuvent renfermer de dangereux pour leur propre bonheur. Mais ce n'est pas dans l'intérêt de l'Espagne que nous avons eu le dessein d'examiner la constitution de Cadix. C'était alors la simple spéculation d'un homme accoutumé à réfléchir sur le droit politique. Aujourd'hui que la cause de cette constitution n'est pas restreinte dans la péninsule espagnole, nous écrivons pour la France et pour nos institutions nationales. Nous avons toujours pensé, avec une conviction absolue, que le principe de la constitution de Cadix, s'il parvenait à surmonter le principe de notre Charte royale, entraînerait la perte de la France, de l'Espagne et du reste de l'Europe. C'est le seul motif qui nous détermine à rendre publiques aujourd'hui nos réflexions sur ces questions de jour en jour plus dangereuses.

CONSIDÉRATIONS

SUR LA CONSTITUTION DÉCRÉTÉE LE 19 MARS 1812, PAR LES CORTÈS RÉUNIS A CADIX.

CHAPITRE PREMIER.

Des titres constitutionnels du Roi d'Espagne, et de la promulgation de la constitution des Cortès.

LA constitution est précédée de la formule de promulgation suivante :

« Don Ferdinand VII, par la grâce de » Dieu *et la constitution* de la *monarchie* es- » pagnole, et pendant son absence et sa cap- » tivité, la régence du royaume nommée par » les Cortès généraux et extraordinaires, à » tous ceux qui auront connaissance des pré- » sentes, faisons savoir que ces Cortès ont » décrété et *sanctionné* la constitution sui- » vante :..... »

1°. Cette expression, Roi par la constitution, suppose que Ferdinand VII n'est Roi que par le fait de la constitution. Les Cortès auraient donc pu proclamer un autre Roi, ou méconnaître le titre et les droits de Ferdinand, s'il n'eût pas accepté une constitution à laquelle ses droits étaient pré-existans, et à laquelle il n'a pas participé?

Cette hypothèse, première conséquence possible du fait érigé en droit, dérive du dogme de la souveraineté du peuple et en démontre tout d'abord le danger, dès sa première application.

Certes, l'héroïque nation des Espagnes ne l'entendait pas ainsi, lorsqu'elle combattait si vaillamment pour reconquérir son Roi captif.

2°. Les Cortès qui ont décrété la constitution, comment l'ont-ils pu *sanctionner?* étaient-ils souverains? Mais alors, comment déclarent-ils que le peuple est souverain?

CHAPITRE II.

De la liberté, de l'indépendance et de la souveraineté de la nation espagnole.

« La nation espagnole est libre et indépendante; elle n'est ni ne peut être le patrimoine d'aucune famille ni d'aucun individu. » (*Art.* 2.)

Un peuple qui a une existence glorieuse,

antique, contemporaine des plus grands peuples, n'a pas besoin de se déclarer libre et indépendant depuis telle date. C'est en quelque sorte abjurer son histoire et son illustration.

Une nation n'est pas le patrimoine *d'une famille*, *d'un individu*. Mais chez un peuple qui est gouverné par des Rois, *telle famille*, *tel individu*, est au contraire le *patrimoine du peuple*. Un homme d'État l'a dit : *gouverner, c'est servir.*

Cet article, absurde dans le droit, est dangereux dans le fait. Il résulte de ce préjugé, trop commun de nos jours et qui menace toute l'Europe de l'anarchie : que les Rois et les peuples sont ennemis naturels.

« La souveraineté réside essentiellement » dans la nation ; et, par la même raison, » c'est à elle qu'appartient exclusivement » le droit d'établir ses lois fondamentales. » (*Art.* 3.)

Je ne répéterai point ici ce que j'ai dit sur la souveraineté. Seulement, considérée comme dogme, c'est un de ces mystères auxquels il faut laisser son caractère mystérieux. En fait, la souveraineté s'exerce, bien ou mal, mais elle ne se décrète pas. Elle est là ou là. Elle se révèle par des actes et non par des axiômes. Telle la Divinité qui se révèle au cœur de l'homme par ses bienfaits, par l'ordre et par la nature qui est sa manifestation extérieure.

La souveraineté, que nous avons nommée la raison de la société, ne se divise pas, elle est *une*. Cela seul détruit le dogme de la souveraineté du peuple. Car le peuple, considéré dans les individus, isolément, est sujet de la loi et de toutes les lois. En ce sens, il n'est pas le souverain. Considéré comme être collectif, c'est une abstraction de l'esprit.

Dans l'une et l'autre hypothèse, placer la souveraineté dans le peuple, c'est dire, au plus hardi du peuple : ose être le souverain.

Les Cortès de 1812 ont bien senti la force des contradictions qu'entraînait leur déclaration. Ils ont dit au Roi : voici les conditions auxquelles vous pouvez régner encore. Mais ils n'ont pas dit au peuple souverain : *acceptez-vous la constitution* que nous avons *sanctionnée ?*

Plus tard, ce sont des soldats qui ont proclamé la même constitution en Europe. Tant il est vrai qu'elle n'a fait que constituer la force physique, en opposition avec la force morale!

CHAPITRE III.

De la religion catholique, apostolique et romaine, dans la constitution espagnole.

La constitution commence par ces mots : « Au nom de Dieu le tout-puissant, Père, » Fils et Saint-Esprit, auteur et législateur » suprême des sociétés. »

Après cette déclaration, comment les Cortès se sont-ils proclamés législateurs suprêmes de la société espagnole ? Toute puissance, dit l'Apôtre, est *ordonnée* de Dieu. Le Roi d'Espagne n'était-il plus dans *l'ordre* de la société ?

« La religion de la nation espagnole est et » sera perpétuellement la religion catholique, » apostolique et romaine, *et la seule vraie.* » La nation la protège par des lois sages et » justes, et défend l'exercice de toutes les » autres. »

La vraie religion, c'est l'ordre, dans le sens le plus absolu.

Or, si la souveraineté du peuple est le désordre, en tant qu'elle fait nécessairement prévaloir la force physique sur le pouvoir naturel qui est la force morale, la religion que l'on proclame comme la seule vraie est inconciliable avec la souveraineté du peuple. L'une ou l'autre doit succomber en Espagne.

Autre contradiction. Le peuple est souverain, et il déclare que jamais il n'aura que telle religion! Il n'appartient qu'à Dieu d'obéir toujours à la loi qu'il a faite une fois, parce qu'il est la sagesse infinie, et que sa loi est l'ordre même. Cette déclaration ressemble un peu trop à notre fameux acte additionnel, où notre peuple souverain s'interdisait à jamais le droit d'être gouverné par la famille royale des Bourbons. Hélas! que les religieux peuples d'Espagne tremblent plutôt que la souveraineté du peuple ne fasse de la religion et du trône ce qu'elle en a fait immédiatement en Angleterre et en France.

Mais la nation, dit encore la constitution, *protège la religion* par des lois justes et sages.

Qui sera juge de la justice et de la sagesse de ces lois? Le peuple, c'est-à-dire, les passions que cette religion condamne. La religion protégée par le peuple! c'est la religion qui protège, qui fortifie, qui conserve les peuples, mais elle n'a pas besoin des peuples, puisqu'elle n'est envoyée du Ciel que pour eux, et non pour elle.

Les gouvernemens règlent les rapports

politiques du sacerdoce avec l'Etat, mais ils ne protègent pas la religion. Parler ainsi, c'est faire de la religion une institution humaine, un instrument politique; c'est la dénaturer, c'est l'abolir autant qu'elle peut l'être.

CHAPITRE IV.

Du Gouvernement, considéré dans le pouvoir législatif, dans le pouvoir exécutif et dans le pouvoir judiciaire.

« L'objet du Gouvernement est le bonheur » de la nation...., etc. » (*Art.* 13.)

Ces définitions métaphysiques ne signifient rien dans une loi. Il vaut mieux constituer le Gouvernement que le définir; or, dans les articles 13, 14, 15, 16 et 17, le Gouvernement n'est ni constitué, ni défini, mais divisé en trois pouvoirs divers et distincts : le pouvoir législatif, le pouvoir exécutif et le pouvoir judiciaire. Le Gouvernement est divisé, donc il sera dissous par la force naturelle des choses; car le Gouvernement est un et indivisible de sa nature.

Qu'est-ce que le Gouvernement? C'est la pensée et l'action de la société, c'est l'union du droit et de la force. Cependant vous mettez l'un et l'autre en opposition. L'un opprimera l'autre, jusqu'à ce que l'union naturelle soit rétablie.

La souveraineté est indivisible, et elle ne s'exerce que par des organes : ces organes sont le Gouvernement.

La souveraineté se manifeste par la loi, qui est la justice, et par la force qui fait exécuter la loi. Ces deux choses ne peuvent être séparées; non plus que, dans l'homme, la raison ou la volonté et les organes qui manifestent la raison ou la volonté.

Si le pouvoir législatif réside hors de la royauté, il y aura combat, jusqu'à ce que le pouvoir législatif soit tout le Gouvernement, ou jusqu'à ce que la royauté soit la source et le principe du pouvoir législatif, sauf les formes légales qui règlent la manifestation et l'exercice de ce pouvoir.

Que diriez-vous du philosophe qui voudrait séparer dans l'homme, l'intelligence qui conçoit, la volonté qui juge et qui ordonne, les organes corporels qui exécutent? il détruirait l'homme. Ainsi, vous détruirez la société, en répétant ce que nous disions en 1791 : La nation, la loi et le Roi.

CHAPITRE V.

Des élections pour les Cortès.

Pendant plusieurs siècles, Rome n'eut que sa loi des Douze-Tables, et cependant elle avait sa constitution et son pouvoir législatif, *Senatus Populusque romanus.*

Lorsque les principes généraux qui règlent un Gouvernement sont recueillis en forme de *loi écrite* où de constitution, il faut éviter de confondre ce qui est fondamental avec ce qui est nécessairement réglementaire ou transitoire. Sous ce seul rapport, la constitution espagnole, qui contient 384 articles, est essentiellement mauvaise ; car la force des choses, l'expérience et le temps amèneront nécessairement, sur l'interprétation et sur l'exécution, des embarras inextricables, des luttes d'autorité et des divisions périlleuses.

Notre constitution de 1791 était matériellement inexécutable. Aussi les factieux ne manquèrent-ils aucune occasion de s'écrier : « La constitution est violée. Le Roi a rompu » le pacte social ; il n'est plus Roi. . . . » Le 10 août l'a prouvé.

Une constitution écrite devrait donc être uniquement la déclaration ou reconnaissance du droit public par rapport aux sujets, et la forme du Gouvernement lui-même, c'est-à-dire, la manière de faire la loi. Tout le reste serait réglé par le pouvoir législatif.

Une fois que le pouvoir législatif est constitué, il a en lui les moyens d'exprimer régulièrement les besoins de la société, tels qu'ils naissent de l'état successif de la société.

Ces observations ne sont pas inutiles, puisque la seule partie de la constitution de Cadix qui concerne les élections renferme 76 articles.

Examinons maintenant le résultat et le principe des élections.

Les députés aux Cortès sont nommés après trois degrés d'élection; il y a un député pour 70,000 ames, ce qui suppose une assemblée de 150 à 200 au plus.

Quant aux élections, elles sont environnées de formes religieuses et civiles qui assurent de grandes probalités pour de bons choix. Voilà le résultat probable quant aux individus. Mais ce résultat probable surmontera-t-il le vice du principe?

Le principe de ces élections n'est autre chose que la représentation *individuelle* des Espagnols, et non pas la représentation des intérêts permanens et temporaires de la société. En d'autres termes, les députés représenteront les passions actuelles, ou, si l'on veut, l'opinion du moment; mais ils ne représenteront point ce qui est et doit être indépendant des passions et de l'opinion du moment.

Ainsi, un ecclésiastique député aux Cortès représentera, non pas le sacerdoce, mais son opinion personnelle. Un savant choisi par des individus électeurs, dans telle Université, ne représentera pas son Université, mais lui-même et lui seul; ainsi, de tout ce qui forme, dans une grande société, l'aristocratie comme la démocratie.

La représentation étant individuelle au lieu d'être la représentation des choses, la nouvelle constitution a, d'un seul trait de plume, fait perdre aux provinces leur grande et ancienne existence politique. On a bien vîte oublié que c'est là seul ce qui a sauvé l'Espagne des armes de Napoléon; que par-là, Napoléon qui occupait Madrid, n'occupait que Madrid..... Ce fait méritait quelques réflexions. Les hommes plient et les choses résistent. On ne s'appuie que sur ce qui résiste.

Nous avons vu en France les tristes résultats d'une nation réduite au dernier terme, l'individualité. Alors (je parle des temps de la révolution) la France toute entière ressemblait politiquement à la moindre bourgade, où il n'existe que des individus auprès desquels il suffit de montrer de temps en temps quelques gendarmes. Ils disaient : montez à l'échafaud, et l'on y montait. Le courage individuel n'est rien dans nos temps modernes, si les peuples ne sont que des agrégations d'individus. Alors, en effet, toutes les mutations de gouvernans peuvent rouler indéfiniment entre des révolutions de la populace ou des révolutions de sérail. Le premier qui ose dire, je suis le maître, le devient à ses risques et périls; mais il l'est, au moins un moment. C'est là cependant où conduit la souveraineté du peuple, et la représentation nationale, comme on l'entend aujourd'hui, c'est-à-dire, la représentation des individus!

CHAPITRE VI.

Des Cortès.

« *Le pouvoir de faire les lois réside dans » les Cortès, avec le Roi.* » (*Art.* 15.)

« Au Roi appartient la *sanction* des lois. » (*Art.* 142.)

Ces deux articles impliquent une contradiction manifeste. D'abord, ce que l'on nomme *sanction royale* est absurde, puisque la *sanction des lois* suppose nécessairement la souveraineté, et qu'en Espagne, la souveraineté est dans le peuple, par le *droit écrit*, et dans les Cortès, par le *fait*.

Devant une assemblée unique, qui, par le fait, est souveraine, la sanction du Roi est forcée ou inutile. Le Roi, en effet, n'a le *veto* que pour trois ans. La sanction suppose la souveraineté, et le Roi ne l'a plus; elle suppose, de plus, la liberté : or, le *veto* temporaire et la liberté de sanction impliquent.

Le pouvoir législatif réside donc dans les Cortès, exclusivement, malgré les termes de la loi.

Une chambre *unique* et souveraine, voilà, dans le fait, les Cortès de la nouvelle constitution.

L'aristocratie étant naturellement très-forte en Espagne, il en résultera : ou que toutes ses forces toujours unies seront toujours victorieuses de la démocratie; ou qu'étant divisée en partis, l'un de ces partis s'unira à la démocratie pour partager le pouvoir; ou enfin que la démocratie dominera sans partage dans l'assemblée.

Dans le premier cas, la royauté, telle qu'on a cru la constituer, sera opprimée; dans le second, elle croira être habile, en entretenant les factions, pour neutraliser le pouvoir des Cortès, et, tôt ou tard, cette habileté périlleuse sera sa perte; dans le troisième, la démocratie, dominante dans les Cortès, renversera d'un même coup et l'aristocratie et la royauté, jusqu'à ce qu'un homme audacieux et fort, relève provisoirement la royauté à son profit.

Cependant c'est au milieu de ces combinaisons hasardeuses que la royauté est déclarée héréditaire! Il me semble voir un levier de balance, aux deux extrémités duquel on place deux poids d'inégale force, et auquel cependant on dit : sois en équilibre.

L'équilibre des pouvoirs, décrété sur le papier, est un être de raison : il faut d'abord un pouvoir modérateur. Puisqu'on parle tant d'équilibre, apparemment qu'il faut un point d'appui au levier de la balance. Quoi qu'on fasse en Espagne, ce point d'appui sera la royauté de droit, ou la royauté usurpée.

Les Cortès étant constitués en assemblée unique mais temporaire, ni les grands intérêts aristocratiques, inhérens à toute société, ne sont représentés d'une manière permanente comme tout ce qui est perpétuel dans la société, ni les vrais intérêts démocratiques ne sont eux-mêmes garantis par cette forme de représentation.

Cependant aucun peuple dans les deux mondes ne possédait plus d'élémens aristocratiques et plus d'élémens démocratiques que l'Espagne. D'une part, le sacerdoce, la grandesse, la naissance et la grande propriété; de l'autre part, les corporations des villes et une forte constitution municipale et provinciale. Ainsi, la représentation permanente des choses permanentes, et la représentation temporaire des intérêts temporaires était naturellement trouvée; il ne fallait que les reconnaître et en régler l'exercice.

L'Espagne avait, comme l'Angleterre, une aristocratie plus forte et plus respectée que dans aucune autre nation. Son régime municipal tempérait les forces tranchantes de l'aristocratie. Elle avait de plus que l'Angleterre l'*unité* de la religion, et d'une religion reconnue comme *la seule vraie*, et déclarée conséquemment dans la constitution comme *la seule nécessaire*. Une chambre des pairs se trouvait donc naturellement formée par le haut sacerdoce et la haute aristocratie. L'assemblée élective formait naturellement la seconde chambre, et toutes deux concouraient directement avec le Roi, mais séparément entre elles, à la formation de la loi. Ainsi le pouvoir législatif eût résidé dans le Roi, les Pairs et les Cortès.

Il n'en est pas ainsi. L'avenir nous apprendra bientôt si l'exemple du passé que nous avons subi en France était un simple accident de la fortune, ou la conséquence nécessaire des choses telles qu'elles étaient aussi constituées en 1791.

Avec une chambre haute en Espagne, il serait dangereux de borner à deux ans la durée de la chambre élective. Ce serait un état de fièvre universelle trop fréquent. S'il n'y a pas de chambre haute, il y a danger dans une trop grande durée.

CHAPITRE VII.

Des Cortès et du Roi.

« Les Cortès ont le droit de se transférer » où ils jugeront convenable. » (*Art.* 105.)

Toute possibilité de scission avec le Roi doit être soigneusement évitée. Le Roi ne doit donc pas être étranger à cette translation, si elle est nécessaire.

Le Roi n'a aucune part, directe ni indirecte, à la nomination du président des Cortès. Tôt ou tard, le président sera le véritable Roi.

« Le Roi assistera en personne à l'ouver- » ture des Cortès.... Il entrera sans garde » dans la salle.... » (*Art.* 121 *et* 122.)

Le Roi doit ouvrir la session, et non pas *assister à* l'ouverture. Mais il *assistera.* Quelle sera sa place? A côté ou au-dessous du président! La dignité d'une nation consiste surtout à ne pas dégrader la majesté de ses princes.

Il *assistera* sans gardes! La sûreté d'une nation consiste aussi à ne pas dire qu'elle se défie de ses princes.

Dans l'intervalle d'une session à l'autre, il y a une députation permanente des Cortès.

Cette députation, dont le président est le président des Cortès, est un gouvernement à côté du gouvernement. Elle deviendra le gouvernement, ou les Cortès seront dissoutes par la force, quand la royauté sera forte ou seulement populaire.

Les pouvoirs du Roi sont cependant très-étendus; mais ils seront excessifs ou nuls, selon que le prince régnant sera d'un caractère fort ou faible. Entre ces deux extrêmes, il n'y aura pas de milieu, puisque le Roi n'a qu'une participation illusoire ou dangereuse à la formation de la loi, et que les Cortès font la loi, l'interprètent et l'abrogent à volonté.

Le conseil d'État est nommé par le Roi, sur la présentation des Cortès.

Or, la session des Cortès est de deux ans. Il peut arriver, ou plutôt il arrivera nécessairement, que le conseil d'État nommé sous l'influence de telle session, se trouve, deux ans après, dans un système opposé à la session qui succède.

Cependant les conseillers d'État ne pourront être destitués sans des motifs approuvés par la cour suprême de justice.

Ainsi le Roi, forcé de suivre l'avis du conseil sur la sanction d'une loi, sur la paix et la guerre, reçoit son conseil des Cortès et ne peut le révoquer, même alors que la nouvelle session des Cortès est dans un système opposé à la précédente session qui l'a fait choisir. Il en résultera des irritations et des perturbations violentes.

CHAPITRE VIII.

De la succession à la Couronne.

L'hérédité est reconnue dans les femmes.

C'est l'ancien droit public de la monarchie espagnole : mais c'est une source de guerres civiles ou d'invasions étrangères.

La France n'a jamais été conquise, parce qu'elle a toujours eu des princes *français*. Il n'y a que la France où l'on dise : *maison de France*, parce que la maison royale y est *française*, et toujours.

Par le chapitre II de la constitution, certaines branches de la maison régnante paraissent implicitement exclues de la succession à la Couronne. Cependant le droit de ces branches a été reconnu par les Cortès et par le traité d'Utrecht, lors de l'accession du duc d'Anjou au trône des Espagnes.

Un peuple ne peut pas, sans de grands dangers, changer le droit public qui le lie par des actes formels aux autres peuples, comme il lie les autres peuples à lui-même.

A son avénement au trône, le Roi prête serment devant les Cortès. La formule du serment contient ces mots, qui comprennent toutes les révolutions possibles :

« Et si j'agis d'une manière contraire à ce que j'ai juré, soit en tout, soit en partie, *je ne dois pas être obéi.* »

Sur cela, il suffit d'observer que la constitution renferme 384 articles. Maintenant qui sera juge du devoir d'obéir ou de désobéir ?

CONCLUSION.

L'on absout la révolution française, et toutes les révolutions qui en dérivent actuellement, par cette phrase : *Il faut que l'esprit humain marche.*

Voilà, en effet, ce que l'on entend partout ; et sur la foi de ce mot, vide de sens, l'on s'élance avec ardeur vers un avenir inconnu, que l'imagination embellit de toutes ses illusions. Telle, notre armée d'Égypte, dévorée par la soif dans le désert, voyait sans cesse des îles de verdure et des lacs d'eau vive qui reculaient toujours devant elle, à mesure qu'elle s'avançait dans ces régions de stérilité.

Qu'est-ce que l'esprit humain ? et comment *marche-t-il ?* Considéré dans l'intelligence des choses physiques, il peut s'étendre indéfiniment, en s'appliquant à la recherche des choses qui sont ou peuvent être soumises à l'action de nos sens. L'esprit humain, sous ce rapport, peut acquérir sans cesse, mais il n'acquerra jamais, dans cet ordre de connaissances, que des idées analogues à l'objet de ses recherches. Il connaîtra les modifications de la matière, mais il ne la connaîtra pas elle-même. Il pourra la décomposer jusqu'aux particules qui échappent enfin à sa puissance, ou plutôt à sa faiblesse; mais, de cette dernière parcelle, il ne connaîtra enfin que la surface et quelques propriétés. En un mot, dans l'ordre physique, l'on conçoit parfaitement que l'esprit humain *marche* ou s'étende jusqu'aux dernières bornes de ses facultés; mais cette progression indéfinie n'ajoute rien à ses forces morales, dans le sens purement philosophique.

Cependant, s'il fallait absolument connaître la nature pour être heureux, le genre humain n'existerait plus : aussi la nature a-t-elle donné à tous les hommes les sentimens qui leur sont nécessaires, avant les idées. Vainement donc vous combinez les idées sur les devoirs, sur leur nature et leur origine : depuis que l'esprit humain s'applique à cette science ou combinaison des idées sur la morale, qu'a-t-il fait autre chose que de tourner perpétuellement dans le même cercle?

Malheureux les peuples qui, au lieu d'accomplir des devoirs, examinent s'il est des devoirs! Il faut à la société des vertus, et non des opinions. La société, qui existait avant toutes vos questions, *marche* à sa dissolution, si elle attend que vous les ayez résolues.

Ne confondons point la nature des choses. La progression de la société peut amener le progrès indéfini des sciences, mais elle n'ajoute que des besoins nouveaux à l'homme, sans rien ajouter à sa nature morale; et c'est la connaissance exacte de ces besoins toujours divers, qui constitue la science de la politique. Ainsi, la mobilité perpétuelle de ces besoins exige peut-être de nouvelles formes pour les exprimer régulièrement dans l'ordre social; mais elle ne change point la nature de l'ordre social, elle ne change point la nature du pouvoir de les satisfaire s'ils sont légitimes, de les réprimer s'ils sont illégitimes.

Si une société pouvait être improvisée ou créée dans un ordre dégagé absolument de tout ce qui la précède réellement comme de ce qui l'environne; ou, en d'autres termes, si elle était sans aucune relation avec le passé, sans aucune dépendance du présent, et possédant la souveraine domination de l'avenir, on pourrait vous dire : Formez cette matière sociale à votre image; donnez-lui l'ame et la vie que vous lui avez préparée ; qu'elle *marche enfin*, selon votre langage, *dans sa force et dans son espérance*. Cependant vous n'aurez rien fait encore, si, comme le mécanicien qui oublie l'action toujours incommensurable des *forces vives*, vous prenez le mouvement des idées pour le mouvement des passions. Celles-ci sont les *forces vives* de la mécanique sociale ; si vous les oubliez dans votre calcul, votre machine, parfaite sur votre papier, se brise au premier développement dans la réalité.

Gardons-nous donc de confondre dans l'homme son esprit ou son intelligence, qui peut n'avoir que des limites jusqu'ici inconnues, et ses passions, qui, dans tous les temps, sont les mêmes sous des formes diverses ! Or, l'objet nécessaire de l'ordre social est précisément de contenir les passions et de les diriger, comme le lit d'un fleuve contient et dirige ses ondes. Les unes et les autres débordent si elles ne trouvent pas assez de capacité ; aussi les gouvernemens, comme les fleuves, doivent-ils s'élargir, quand il est nécessaire, pour recevoir et conduire perpétuellement, sans désordre, les races humaines et les ondes au terme naturel de leurs destinées.

C'est donc des passions qu'il s'agit, et non

pas des idées ou de l'esprit humain, lorsqu'on s'occupe de gouvernement. Creusez profondément le lit du fleuve ou élevez de fortes digues, prévenez enfin le débordement : l'abondance et les fleurs croîtront d'elles-mêmes sur les bords.

On a dit et l'on répète à la jeunesse : « Faisons connaître les nations à elles-mêmes..... » Exaltons chez elles leur première faculté, » la pensée; jetons-les, s'il se peut, dans le » spiritualisme. »

Si la distinction que j'ai faite des passions et des idées, par rapport au gouvernement des hommes, n'est pas comprise, qu'ai-je à dire de plus? Le spiritualisme ne remplacera point la religion, l'idéalisme n'arrêtera aucune passion; et le Gouvernement, bâti pour des idées qui n'appartiennent, dans leur inconstance perpétuelle, qu'à certains hommes, tandis que les passions sont le mobile perpétuel de tous les hommes; le Gouvernement, dis-je, construit pour une destination contraire à sa nature, restera du moins soumis à cette nécessité des choses qui brise tout ce qui est absurde.

TABLE

DES MATIÈRES.

FIN DE LA TABLE.

DE L'IMPRIMERIE DE Mme VEUVE AGASSE,
RUE DES POITEVINS, N° 6.

www.ingramcontent.com/pod-product-compliance
Ingram Content Group UK Ltd.
Pitfield, Milton Keynes, MK11 3LW, UK
UKHW031937260826
14628UKWH00004B/1686

9 782013 599153